Duisburg, 14. Juli 2004

Lieber Klaus,

nun haben wir so viele Dinge erlebt und eine lange gemeinsame Zeit verbracht, dass Du mir in dieser Zeit zu einem lieben Freund geworden bist.
Ich werde Dich echt vermissen – und unsere gegenseitige Versorgung mit Schokorugeln und Kuchen sowieso.

Ich danke Dir für die gemeinsamen Gespräche und Deine Warmherzigkeit, mit der Du mich immer unterstützt hast.
Ich danke Dir für die gemeinsame Zusammenarbeit, in der ich vieles von Dir habe lernen dürfen.

Von Herzen wünsche ich Dir für Dein weiteres Leben alles Gute. Vor allen Dingen, dass Du und Rizayu glücklich und gesund bleibt, und dass Du einen erfüllenden und Deinen Qualitäten angemessenen Beruf – vielleicht sogar beim BVDG – finden wirst! Lass Dich nicht unterkriegen!

Ich drück' Dich fest und zur Erinnerung (wer weiß, vielleicht auch demnächst als abendliche Leselektüre) noch eine kleine Leselektüre von Bonobär.

Mit lieben Grüßen
von Deiner Andrea.

Bonobär
sucht den Honig

*mit Illustrationen und Texten
von Andrea Markowsky
unter Mitwirkung von Frank Oberpichler*

BONIFATIUS

Da fährt sie hin, die Familie von Bonobär.
„Tschüs", sagt Mamabär, „und paß schön auf

das Haus auf." Bonobär winkt noch einmal ganz kräftig, und Papabär tritt aufs Gaspedal.

„Wo ich jetzt alleine bin", denkt sich Bonobär, „mach' ich mir erst einmal eine schöne große

Tasse Tee mit viel leckerem süßem Honig darin."

Doch „oh!" brummt es aus Bonobär,
„kein Honig mehr im Glas!"

„Da muß ich doch schauen, ob in der Vorratskammer noch Honig steht", spricht Bonobär und stöbert schon in den Regalen.

Aber auch dort ist kein Glas mit dem
heißgeliebten leckeren Honig zu finden.
Und so …

… macht sich Bonobär auf die Suche nach den begehrten goldenen Gläsern. Und damit er auch recht viele mitnehmen kann, hat er sich Opabärs großen Rucksack umgeschnallt.

Da trifft er Miny, die Katze, und fragt:
„Hallo, Miny, weißt du, wo ich Honig finden
kann?" „Honig?" wundert sich die Katze.
„Nein, Honig kenne ich nicht, aber ich kann

dir etwas Milch anbieten!" Doch Bonobär bedankt sich freundlich und macht sich wieder auf den Weg.

„Wohin geht's denn, Bono?" fragt Wilma, das Kalb, und der Rüdiger guckt auch schon ganz neugierig. „Ach Wilma!" beginnt Bonobär und erzählt seine Geschichte. „Da können wir

dir leider auch nicht helfen, aber geh doch einmal zum Mühlenteich, vielleicht kannst du dort deinen Honig finden!"

Und Bonobär geht über die große, hochgewachsene Wiese zum Teich hin, als er – hoppla! – fast über zwei große Ohren stolpert.

„Ey, Bono! Suchst 'n du hier?" fragt Eugen, der Feldhase, vorwitzig. „Ich suche Honig."
„Honig? Sagt mir nix! Willste nicht lieber 'ne

Mohrrübe?" "Nein danke, Eugen, aber Mohrrüben mag ich nicht!"

Und Bonobär geht weiter zum Teich ...

… wo ihm Kuno, der Frosch, begegnet. Kuno erzählt ihm von fliegenden Honiggläsern, die durch die Luft summen. „Das kann mein

Honig nicht sein!" sagt sich Bono und geht weiter zu den Enten.

„Hallo, Bono", sagt die kleine Lisa, „ich habe schon gehört, du suchst den Honig!

Und ich weiß auch, wo der ist."

„Da mußt du nämlich mitten auf dem Mühlenteich ganz tief tauchen, aber ich bin dafür noch zu klein und komme da nicht dran." Da lacht Bonobär amüsiert: „Haha, Lisa! Das ist ja nett von dir, aber ich glaube nicht, daß du meinen Honig meinst."

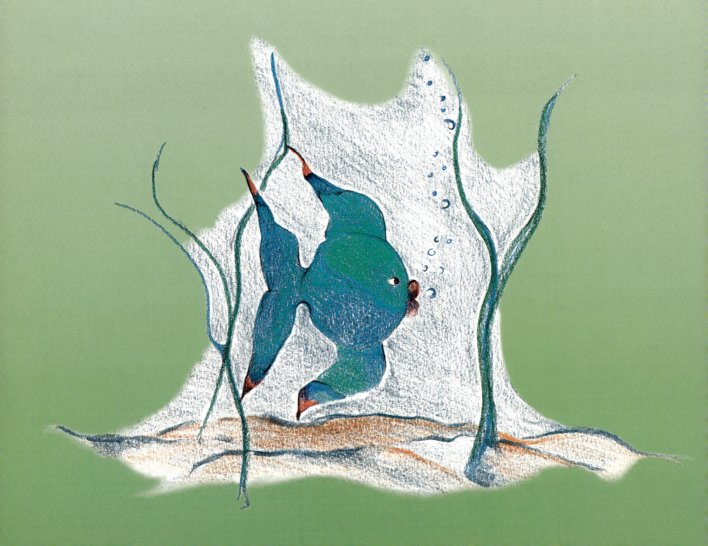

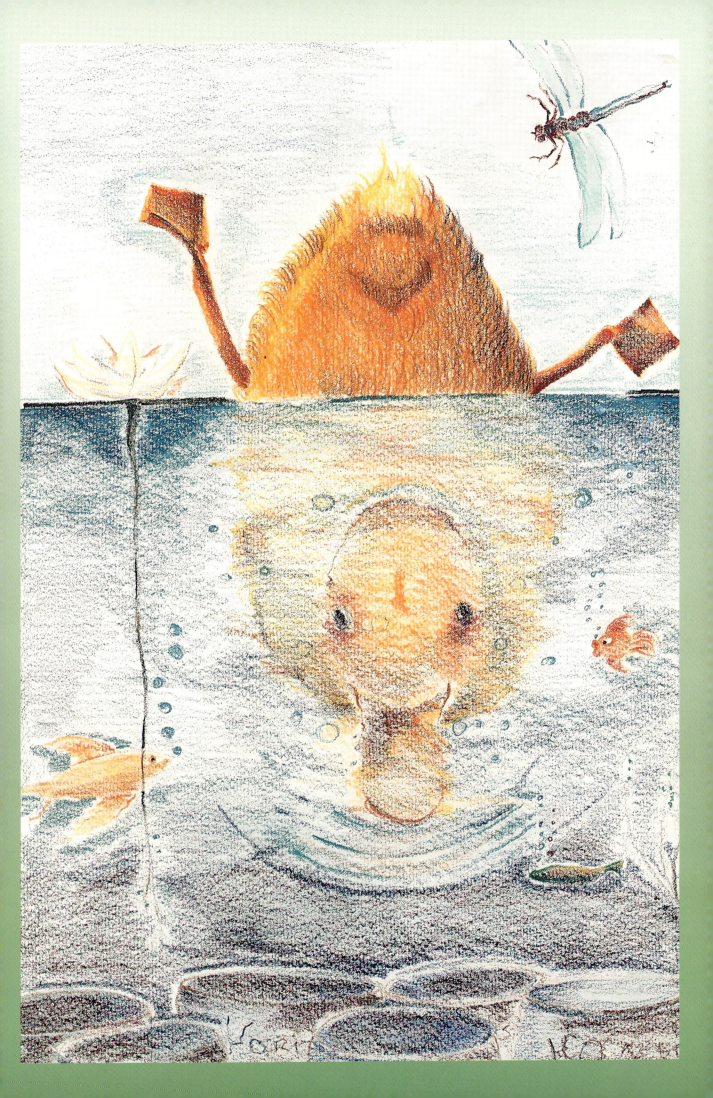

Selma, die Maus, erzählt mit leuchtenden Augen von großen Honigbergen mit Löchern drin. Doch auch hier ist sich Bonobär sicher,

daß es sich nur um eine Verwechslung handeln kann.

Seine Suche führt Bono in den Zoo.

Dort trifft er auf Ludger, den Löwen, der jedoch auch überhaupt keine Ahnung hat,

wovon Bono eigentlich spricht. „Frag doch mal deine weißen Kollegen!" rät Ludger.

Gesagt – getan. Und schon steht Bono vor Gunnår und Nils, den beiden Eisbären.

„Wißt ihr zufällig, wie ich an Honig komme?"
Und da erzählt Nils …

… die Geschichte von dem Eskimo, der auf seinem Schlitten immer prima tiefgefrorenen

Honig in Grönland verkauft hat. „Ja, aber bis Grönland ist mir zu weit!" sagt Bonobär …

… und fragt direkt noch die beiden Pinguine,
ob die mehr über Honig wissen.
Doch sie verneinen sofort.

Ganz anders zeigt sich Yoko, der Schimpanse.
Bereitwillig erzählt er von krummen
Honigdosen, die im Urwald auf den Bäumen

wachsen und so lecker sind, daß sich jeder Schimpanse einen kleinen Vorrat ins Regal stellt.

„Nein, nein, Yoko! Das kann mein Honig nicht sein. Mein Honig wächst nicht in

krummen Dosen!" Und traurig wendet Bono sich ab, um nach Hause zu schleichen.

„So ein Mist!" denkt sich Bonobär, als er müde in seinem Wohnzimmersessel sitzt. „Jetzt muß ich zwei Wochen warten, bis

Mamabär wiederkommt und neuen Honig holt."

Plötzlich läutet die Glocke, und ein Mann mit einem lustigen Hut auf dem Kopf steht vor der Tür. Er hat zwei große Kisten bei sich und fragt: „Guten Tag, Bonobär.

Wie geht es dir? Hier ist übrigens der frische Honig, den deine Mutter bestellt hat.
Soll ich ihn dir hineinstellen?"
Überglücklich bittet Bono den …

… Imkermeister Hummelbein in die Küche. Hier muß Herr Hummelbein dann ganz genau erklären, wie er den Honig von den Bienen bekommt und daß er den lustigen Hut mit dem Netz drumherum als Schutz vor den

Bienenstichen trägt. „Da bin ich aber froh, Herr Hummelbein, daß Sie vorbeigekommen sind!" Und Bonobär erzählt ihm die ganze Geschichte, wie er den Honig suchte.

„War das ein aufregender Tag", sagt sich
Bonobär, als er abends in seinem Sessel
vor dem Fernseher sitzt und sich ein ganz

großes Glas Honig schmecken läßt ...

... zum guten ENDE der Geschichte.

1. Auflage 1997

ISBN 3-87088-983-7

© 1997 by Bonifatius GmbH Druck · Buch · Verlag Paderborn

Alle Rechte vorbehalten. Das Werk einschließlich seiner Teile ist urheberrechtlich geschützt. Jede Verwertung außerhalb der engen Grenzen des Urheberrechtsgesetzes ist ohne Zustimmung des Verlages unzulässig und strafbar. Das gilt insbesondere für Vervielfältigungen, Übersetzungen, Mikroverfilmungen und die Einspeicherung in elektronischen Systemen.

Gesamtherstellung:
Bonifatius GmbH Druck · Buch · Verlag Paderborn